U0882498

吉林省交通运输行业标准

寒区高速公路沿线附属设施曝气生物滤池污水生态处理技术指南

Technical Guidelines for Ecological Wastewater Treatment with Biological Aerated Filter along the Expressway in Cold Region

JLJTG/T E01—2017

主编单位: 交通运输部科学研究院
批准部门: 吉林省交通运输厅
实施日期: 2017 年 07 月 01 日

人民交通出版社股份有限公司

图书在版编目(CIP)数据

寒区高速公路沿线附属设施曝气生物滤池污水生态处理技术指南／交通运输部科学研究院主编. — 北京：人民交通出版社股份有限公司，2017.8

ISBN 978-7-114-14055-6

Ⅰ.①寒… Ⅱ.①交… Ⅲ.①寒冷地区—高速公路—曝气池—污水处理—吉林—指南 Ⅳ.①U417-62

中国版本图书馆 CIP 数据核字(2017)第 187447 号

书　　名： 寒区高速公路沿线附属设施曝气生物滤池污水生态处理技术指南
著 作 者： 交通运输部科学研究院
责任编辑： 尤　伟
出版发行： 人民交通出版社股份有限公司
地　　址： (100011)北京市朝阳区安定门外外馆斜街 3 号
网　　址： http://www.ccpress.com.cn
销售电话： (010)59757973
总 经 销： 人民交通出版社股份有限公司发行部
经　　销： 各地新华书店
印　　刷： 北京市密东印刷有限公司
开　　本： 880×1230　1/16
印　　张： 1.5
字　　数： 24 千
版　　次： 2017 年 8 月　第 1 版
印　　次： 2017 年 8 月　第 1 次印刷
书　　号： ISBN 978-7-114-14055-6
定　　价： 30.00 元

前　言

为适应寒区公路沿线环境保护的要求,吉林省交通运输厅依托交通运输部科技示范工程和绿色公路主题性项目的“双示范”工程——鹤岗至大连高速公路(吉林境)建设项目,组织编制了《寒区高速公路沿线附属设施曝气生物滤池污水生态处理技术指南》(以下简称“本指南”)。编制工作由交通运输部科学研究院负责,吉林省高等级公路建设局和北京大学参编,同时得到了相关单位的大力支持和配合。

本指南系统总结了我国寒区公路沿线附属设施污水处理工程的实施经验,在充分吸收近年来曝气生物滤池污水生态处理技术研究成果的基础上,有针对性地开展了科技攻关与科技推广项目,并参考借鉴了其他行业规范与地方标准。指南编制始终坚持面向需求、面向世界、面向未来的标准化工作方针,体现了绿色交通发展的要求,适应寒区公路污水处理的实际需求,对于提升公路环境保护技术水平,提高公路沿线附属设施的污水处理效果,降低管理维护成本具有重要的指导作用。

请各有关单位在执行过程中,将发现的问题和意见,函告交通运输部科学研究院(地址:北京市朝阳区惠新里 240 号;邮编:100029;电话:010 - 58278232;E - mail:nkone@ sina. com),以便修订时参考。

主 编 单 位:交通运输部科学研究院

参 编 单 位:吉林省高等级公路建设局
北京大学

主要起草人:刘学欣　孔亚平　籍国东　李长江　鲁亚义　李劲松　高硕晗　崔巍武　董书奎　王德民　王新军　吕喜禄　白雪原　付金生　熊新竹

主　　审:王潮海

目　次

1　总则 …… 1
2　规范性引用文件 …… 2
3　术语和定义 …… 3
4　处理规模和水质标准 …… 5
　4.1　处理规模 …… 5
　4.2　水质标准 …… 5
5　系统构成及布局要求 …… 6
　5.1　系统构成 …… 6
　5.2　布局要求 …… 6
6　处理技术 …… 7
　6.1　技术选择 …… 7
　6.2　预处理 …… 7
　6.3　曝气生物滤池 …… 8
　6.4　人工湿地 …… 9
　6.5　后处理 …… 11
　6.6　污泥处理 …… 11
7　电控系统 …… 12
8　施工要求 …… 13
　8.1　曝气生物滤池 …… 13
　8.2　人工湿地 …… 13
9　运行管理 …… 15
　9.1　一般规定 …… 15
　9.2　管理维护 …… 15
附录A　污水处理水质监测分析方法 …… 16

1　总则

1.0.1　为适应吉林省公路建设发展的需要，提升公路沿线附属设施污水处理设计及施工技术水平，降低管理养护成本，特编制本指南。

1.0.2　本指南适用于吉林省新建、改扩建高速公路沿线附属设施采用曝气生物滤池污水生态处理技术的设计与施工，普通公路污水处理系统可参照执行。

1.0.3　本指南规定了寒区高速公路沿线附属设施污水的处理规模和水质标准、系统构成及布局要求、处理技术、电控系统、施工要求和运行管理等技术要求。

1.0.4　寒区高速公路沿线附属设施污水处理工程施工应严格执行工地现场安全操作规程，保障施工人员的身体健康安全。

1.0.5　寒区高速公路沿线附属设施污水处理系统的设计、施工和运行管理除应符合本指南要求外，还应符合国家、地方现行有关标准的规定。

2 规范性引用文件

下列文件对于本文件的应用是必不可少的。凡是注日期的引用文件,仅注日期的版本适用于本文件。凡是不注日期的引用文件,其最新版本(包括所有的修改单)适用于本文件。

GB 3838　地表水环境质量标准
GB 50003　砌体结构设计规范
GB 50286　堤防工程设计规范
GB 50013　室外给水设计规范
GB 50014　室外排水设计规范
GB 50015　建筑给水排水设计规范
GB 50869　生活垃圾卫生填埋处理技术规范
GB 8978　污水综合排放标准
GB/T 7489　水质　溶解氧的测定　碘量法
GB/T 5750.4　生活饮用水标准检测方法　感官性状和物理指标
GB/T 11893　水质　总磷的测定　钼酸铵分光光度法
GB/T 50138　水位观测标准
HJ/T 199　水质　总氮的测定　气相分子吸收光谱法
HJ/T 195　水质　氨氮的测定　气相分子吸收光谱法
HJ 505　水质　五日生化需氧量(BOD_5)的测定　稀释与接种法
HJ 506　水质　溶解氧的测定　电化学探头法
HJ 636　水质　总氮的测定　碱性过硫酸钾消解紫外分光光度法
HJ 828　水质　化学需氧量的测定　重铬酸盐法
HJ 2005　人工湿地污水处理工程技术规范
HJ 2014　生物滤池法污水处理工程技术规范
HJ 493—2009　水质采样　样品的保存和管理技术规定
JT/T 645.1　公路服务区污水再生利用　第1部分:水质
CJ/T 43　水处理用滤料
CJ/T 299　水处理用人工陶粒滤料
CECS 265　曝气生物滤池工程技术规程
DB 22/388　吉林省地表水功能区标准

3 术语和定义

下列术语和定义适用于本指南。

3.1 寒区 cold region

最冷月平均气温≤10℃且日平均气温≤5℃的天数≥90d 的地区。

3.2 曝气生物滤池 biological aerated filter

由接触氧化和过滤相结合，采用人工曝气、间歇性反冲洗等措施，用于去除有机污染物和悬浮物的一种生物滤池。

3.3 多介质生物滤池 multi-media biological filter

采用多种新型合成多孔网泡生物载体加专属微生物，通过生物降解、吸附和物理化学过程综合作用，去除有机物、氮和油类污染的生物滤池。

3.4 载体 medium

在曝气生物滤池中，供微生物生长、固着的材料。多介质生物滤池载体为高分子合成多孔泡沫材料。

3.5 水力负荷 hydraulic loading rate

处理装置单位面积每天所能接收的污水水量，单位为 $m^3/(m^2 \cdot d)$。

3.6 水力停留时间 hydraulic retention time(HRT)

污水通过处理装置的实际平均接触停留时间，单位为 h 或 d。

3.7 容积负荷 volumetric loading rate

单位有效容积、单位时间内所能接收的污染物量，包括 COD 容积负荷、TN 容积负荷、NH_3-N 容积负荷等，单位为 $kg/(m^3 \cdot d)$。

3.8 表面污染负荷 pollutant surface loading

单位面积人工湿地、单位时间内去除的污染物量，包括 COD 表面负荷、TN 表面负荷、

NH3-N 表面负荷、TP 表面负荷等,单位为 kg/(m^2 · d)。

3.9 人工湿地 constructed wetland

用人工筑成的水池或沟槽,底部铺设防渗隔水层,充填一定深度的基质层,种植水生植物,利用基质、植物、微生物的物理、化学、生物三重协同作用使污水得到净化。按照污水流动方式,分为表面流人工湿地、水平潜流人工湿地和垂直潜流人工湿地。

3.10 潮汐流人工湿地 tidal flow constructed wetland

采用序批式运行,通过模拟潮汐起落的方式控制进水、淹水、排水、复氧时间,实现系统淹水反应,排空复氧功能的人工湿地。

3.11 基质 bed filler

提供人工湿地植物与微生物生长并对污染物起过滤、吸收作用的填充材料,包括土壤、砂、砾石、沸石、石灰石、页岩、火山渣、草炭土等。

3.12 预处理 pretreatment

为适应公路沿线附属设施污水产生情况,减轻污染负荷及满足曝气生物滤池进水水质要求,在曝气生物滤池前设置的处理工艺。

3.13 后处理 aftertreatment

为满足公路沿线附属设施污水经处理后达标排放或回用要求,在曝气生物滤池或人工湿地后设置的处理工艺。

4 处理规模和水质标准

4.1 处理规模

4.1.1 新建高速公路沿线附属设施污水处理规模可采用类比估算法或定额计算法确定。

4.1.1.1 类比估算法是通过调查同路段、相邻区域沿线附属设施污水产生量，并结合项目沿线附属设施规模、车流量及驶入率等进行估算。

4.1.1.2 定额计算法是根据 GB 50015 及吉林省相关用水定额计算用水量，结合服务区排水设施建设水平，处理规模按用水量的 80% ~90% 采用。

4.1.2 对于改建高速公路沿线附属设施，根据改建工程规模和预测交通量并结合现状污水产生量确定。

4.2 水质标准

4.2.1 寒区高速公路沿线附属设施污水处理系统设计进水水质可参考表 1 取值。

表 1 寒区高速公路沿线附属设施污水处理系统设计进水水质参考值

pH	SS(mg/L)	COD(mg/L)	BOD_5(mg/L)	NH_3-N(mg/L)	TP(mg/L)
6.5 ~ 9.0	150 ~ 300	300 ~ 600	200 ~ 300	20 ~ 80	2.0 ~ 5.0

注：当污水污染物含量高于表 1 规定的水质指标时应进行强化预处理，待达到上述水质要求，方可进入本处理系统。

4.2.2 寒区高速公路沿线附属设施污水处理系统出水排入 GB 3838 地表水Ⅲ类功能水域（划定的保护区和游泳区除外）时，应执行 GB 8978 一级标准；排入 GB 3838 地表水Ⅳ、Ⅴ类功能水域时，应执行 GB 8978 二级标准。地表水功能分区应根据 DB 22/388 确定。

4.2.3 寒区高速公路沿线附属设施污水处理系统出水水质符合 JT/T 645.1 的有关规定时，可作为再生水回用于绿化、道路清扫、冲厕、车辆冲洗、消防等用途。

5 系统构成及布局要求

5.1 系统构成

5.1.1 系统主要包括主体工程、辅助工程。

5.1.2 主体工程包括预处理、曝气生物滤池、人工湿地、后处理等单元。

5.1.3 辅助工程包括电控系统、给排水、消防、暖通与空调、建筑与结构工程。

5.2 布局要求

5.2.1 平面

5.2.1.1 处理系统应布设于综合建筑夏季主导风向的下风向，与综合建筑距离大于5m。

5.2.1.2 人工湿地系统轮廓、单元搭配和植物配置应与沿线附属设施地形、景观相协调。

5.2.1.3 处理系统与生活供水泵站的水平距离应大于10m，回用水管或排水管距构筑物不小于3m，当管径小于或等于200mm时，回用水管和排水管的水平距离不应小于1.5m，当管径大于200mm时不小于3m。

5.2.1.4 污水处理建(构)筑物的间距应便于工程施工、设备安装、载体填装、污泥清运、湿地疏通及其他日常维护管理。

5.2.1.5 污水处理设施的位置应与污水管网系统布局统一考虑，出水口宜设在公路边沟、水体等排放口附近。

5.2.2 高程

5.2.2.1 应选择距离最长、水头损失最大的流程进行水头计算，适当考虑预留水头，避免出现涌水。

5.2.2.2 以最大流量作为构筑物和管网的设计流量，还应考虑雨天和事故时流量增加，并留有一定余地。

5.2.2.3 应充分利用原有地形和自然坡度，合理布置系统流程，避免或减少污水提升，达到排水通畅、节能低耗的要求。

6　处理技术

6.1　技术选择

6.1.1　应根据气候条件、污水水质和出水水质要求，选择合适的寒区高速公路沿线附属设施污水处理技术。

6.1.2　当需要达到 GB 8978 一级标准时，宜采用如图 1 所示的以曝气生物滤池为核心的技术。

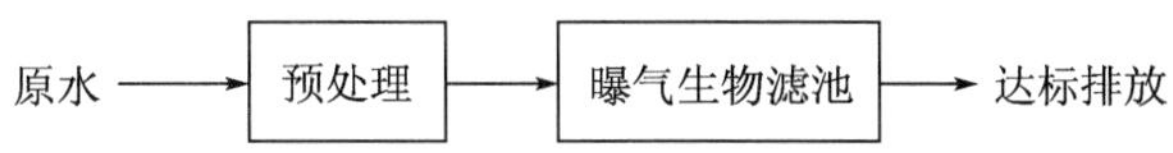

图 1　达到一级排放标准的技术

6.1.3　当需要达到 JT/T 645.1 污水再生利用标准时，宜采用如图 2 所示的以曝气生物滤池 + 人工湿地为核心的技术。

图 2　达到污水再生利用标准的技术

6.2　预处理

6.2.1　食堂和餐厅的含油污水，须经隔油处理后方可进入预处理系统。

6.2.2　冲厕污水须经化粪池处理后方可进入预处理系统，化粪池应委托有资质的清理机构定期清掏并外运处置。

6.2.3　污水进入预处理系统前应设格栅拦截，处理量较小时可选用人工格栅，处理量较大时宜选用自动清除格栅。

6.2.4　预处理应满足均衡水量水质，去除悬浮物、有机物和氮磷营养物质的要求，可选择调节池、沉淀池或二者合建。

6.3 曝气生物滤池

6.3.1 一般规定

6.3.1.1 曝气生物滤池宜采用上向流进水。

6.3.1.2 曝气生物滤池应根据处理水量的大小合理分格,分格数不应少于两格。

6.3.1.3 污水进入曝气生物滤池前应去除浮渣、油脂、砂砾和悬浮固体,进水的 SS 浓度宜小于 60mg/L。

6.3.1.4 曝气生物滤池后宜设沉淀池,沉淀池出水宜靠自重流入人工湿地单元或直接外排。

6.3.1.5 当曝气生物滤池处理后不经人工湿地直接排放时,沉淀池前应设置化学除磷,加药点设在沉淀池之前。

6.3.1.6 曝气生物滤池产生的污泥及反冲洗液应回流至调节池。

6.3.2 设计参数

6.3.2.1 曝气生物滤池的主要设计参数宜采用经验数据或按表 2 的数据取值,有条件时可根据试验资料确定。

表 2 曝气生物滤池主要设计参数

设计参数	取值范围	
	直接排放	接人工湿地
HRT(h)	6~8	4~6
COD 容积负荷[kg/(m^3·d)]	0.6~2.0	0.4~2.4
NH_3-N 容积负荷[kg/(m^3·d)]	0.4~0.6	0.6~1.0
溶解氧(mg/L)	1.5~5.0	1.0~2.5
载体高度(m)	1.2~2.5	

注:设计水温较低、进水浓度较低或出水水质要求较高时,COD 和 NH_3-N 容积负荷应取下限值。

6.3.2.2 曝气生物滤池体积应按 COD 容积负荷确定,并按其他污染负荷复核,同时应满足水力负荷的要求。

6.3.3 设计要求

6.3.3.1 曝气生物滤池由池体、承托层、载体、滤板、布水系统、布气系统、出水系统、反冲洗系统、排泥系统等部分组成,可根据实际情况采取圆形或矩形结构,宜优化布局设计成一体化设备。曝气生物滤池宜为地上结构,应设在设备间内,并采取增温措施。

6.3.3.2 曝气生物滤池应设置集水堰和溢流管。

6.3.3.3 曝气生物滤池载体粒径宜取 2~10mm,载体堆积密度宜为 750~900kg/m^3,比表面积宜大于 1m^2/g,相关技术性能参数要求及测定方法可参照 CJ/T 43、CJ/T 299 的相关规定。

6.3.3.4　曝气生物滤池宜分别设置曝气充氧系统和反冲洗供气系统，曝气类型宜为鼓风曝气，布气装置可采用打孔膜空气扩散器或穿孔管曝气器，曝气方式可采用池底间歇曝气。

6.3.3.5　曝气生物滤池的反冲洗宜采用气水联合反冲洗，反冲洗周期宜为24～72h，冲洗强度应符合HJ 2014的相关规定。

6.3.3.6　曝气生物滤池可采用多介质生物滤池等新型结构，使用轻质软性悬浮载体，投加耐寒菌种，省去反冲洗工序，提高低温处理效果。

6.3.4　保温增温

6.3.4.1　曝气生物滤池、风机、水泵、控制系统等机电设备应安装于专用设备间内，设备间应做外墙保温，室内应安装暖气，保证室内温度不低于15℃。

6.3.4.2　曝气生物滤池内应设置水热交换装置，可采用蛇形换热盘管等形式，热源引自服务区暖气系统，冬季应保证曝气生物滤池水温在15～35℃之间。

6.3.4.3　曝气生物滤池外壁可设置保温层。室外污水输水管线应保证不结冰。

6.4　人工湿地

6.4.1　一般规定

6.4.1.1　寒区高速公路沿线附属设施人工湿地污水处理宜采用潜流人工湿地。

6.4.1.2　人工湿地应分单元布设，应不少于两个单元，可采用并联式、串联式、混合式等组合方式。

6.4.1.3　人工湿地可采用单一垂直潜流人工湿地、单一水平潜流人工湿地或水平潜流＋垂直潜流人工湿地组合构成。

6.4.1.4　可采取措施控制进入人工湿地系统的悬浮物浓度，适当采用间歇运行、潮汐运行和局部更换湿地基质等方法，防止潜流人工湿地发生堵塞。

6.4.1.5　场地起伏较大时，可建成多级阶梯形式人工湿地，宜采取多级跌水充氧，协同植物复氧，共同为湿地补充溶解氧。

6.4.2　设计参数

6.4.2.1　人工湿地的主要设计参数可采用经验数据或按表3的数据取值，有条件时可根据试验资料确定。

表3　人工湿地主要设计参数

设计参数	取值范围
HRT(d)	1～4
水力负荷[$m^3/(m^2\cdot d)$]	<0.2

表3(续)

设计参数	取值范围
COD 表面负荷[g/(m^2·d)]	<16
NH_3-N 表面负荷[g/(m^2·d)]	2.5~8.0
TP 表面负荷[g/(m^2·d)]	0.2~0.5
深度(m)	1.0~2.0
坡度(%)	0.1~0.3

注:设计水温较低、进水浓度较低或出水水质要求较高时,COD、NH_3-N 和总磷表面负荷应取下限值。

6.4.2.2 人工湿地面积应按 COD 表面负荷确定,并按其他污染负荷复核,同时应满足水力负荷的要求。

6.4.3 结构设计

6.4.3.1 人工湿地单元由湿地床体、布水管、集水管、集水井与阀门井组成,池体可采用地下混凝土、砖或黏土结构,应符合 GB 50003 的有关规定,地面围堰高宜为 0.2~0.4m。

6.4.3.2 人工湿地池体四周应设置防渗层,防渗层可采用水泥砂浆或混凝土、黏土层、聚乙烯薄膜及其他建筑工程防水材料,渗透系数应不大于 10^{-8}m/s,可参照 CB 50869 执行。

6.4.3.3 潜流人工湿地长宽比宜控制在 1:1~3:1,不规则的潜流人工湿地,应考虑均匀布水和集水问题。

6.4.3.4 人工湿地系统应设置雨水溢流口、排洪沟渠等排洪设施,宜设置超越管、溢流井等分流设施。

6.4.4 基质

6.4.4.1 人工湿地宜选用比表面积大、强度高、吸附性能强、稳定性好、取材方便的基质。

6.4.4.2 基质应能为植物及微生物提供良好的生长环境,并具有良好的透水性,基质层充填后的初始孔隙率不宜低于 35%。

6.4.4.3 人工湿地基质层的厚度应大于植物根系所能达到的最深处。

6.4.4.4 基质应预先清洗干净,按照合适的基质粒径和级配要求充填。

6.4.4.5 因公路沿线附属设施产生污水的氮、磷浓度较高,宜在人工湿地进口、出口等适当位置使用火山渣、草炭土和钢渣等功能性基质,提高氮、磷处理效率。

6.4.5 集、配水系统

6.4.5.1 人工湿地宜采用穿孔管、配(集)水管、配(集)水堰等方式保证配水、集水的均匀。

6.4.5.2 穿孔管周围宜选用粒径较大的基质,其粒径应大于穿孔管管径。

6.4.5.3 人工湿地宜设溢流堰、可调节管道及闸门等具有水位调节功能的设施。

6.4.5.4 人工湿地出水宜设置排空设施。

6.4.6 植物配置

6.4.6.1 人工湿地宜选用根系发达、去污效果好、具有抗病虫害能力、容易管理并具有景观效果的乡土植物。

6.4.6.2 人工湿地可选择一种或多种植物作为优势种搭配栽种,增加植物的多样性并具有景观效果。

6.4.6.3 潜流人工湿地可选择美人蕉、鸢尾、芦苇、菖蒲、千屈菜、灯芯草、香蒲等植物。

6.4.6.4 植物种植密度可根据植物种类与工程要求调整,潜流人工湿地植物的种植密度宜为9~25株/m^2。

6.4.7 防冻措施

6.4.7.1 人工湿地宜结合当地冻土层深度设计,采用深层布水方式。

6.4.7.2 人工湿地配水及进、出水管的设置应以防冻为主,运行为辅。

6.4.7.3 人工湿地可采取保温增温措施保证湿地进水不低于4℃,通过强化预处理、植物覆盖、塑料大棚等措施,实现低温环境时在冰冻层以下运行不结冰,保证冬季运行效果。

6.5 后处理

6.5.1 曝气生物滤池和人工湿地出水排放时,应根据出水用途设置消毒设施,消毒系统的设计应符合 GB 50013 和 GB 50014 的有关规定。

6.5.2 消毒方式宜采用紫外线消毒、臭氧消毒或氯消毒。消毒的方式、程度和设备配置应根据排放标准或回用要求确定。

6.5.3 用作再生水时,在管网输配中,应保障余氯含量符合 JT/T 645.1 的有关规定。

6.6 污泥处理

6.6.1 曝气生物滤池应通过排泥系统定期排泥,排泥周期2~6个月。

6.6.2 人工湿地系统应定期清理集水井和阀门井,每年清理淤泥1~2次。

6.6.3 污泥处理与处置应符合 GB 50014 中的有关规定。

7 电控系统

7.0.1 电控系统应保证寒区高速公路沿线附属设施污水处理系统的运行安全可靠，便于运行、改善劳动条件和提高科学管理水平。

7.0.2 寒区高速公路沿线附属设施污水处理系统宜采用集中监视、分散控制的自动控制系统，工艺设备的控制一般设置现场、可编程控制器(PLC)及中控室控制。

7.0.3 控制系统应具有故障报警功能，并能实现机电设备事故状态下的安全控制。

7.0.4 调节池应根据液位计测量值设高、低水位控制策略。

7.0.5 进水泵运行宜采用水位控制，控制系统应设干运转保护器。

7.0.6 曝气生物滤池宜通过变频器调节曝气量和回流量。

7.0.7 风机可采取间歇运行的方式，自动控制，按时启停。风机控制应根据空气总管压力值，通过 PLC 控制鼓风机的运转时间和鼓风量，保证空气总管压力稳定。

7.0.8 水温控制系统宜设自动温度控制阀门，设定温度范围，达到下限温度时，阀门自动开启，达到上限温度时，阀门自动关闭。

7.0.9 曝气生物滤池宜配备反冲洗及相关控制程序。当需要化学除磷时，应能自动计量投加药剂。

8 施工要求

8.1 曝气生物滤池

8.1.1 曝气生物滤池施工应符合 CECS 265 相关规定。

8.1.2 曝气生物滤池安装滤头前应清理干净滤板预埋套管内的杂物,安装完成后,应进行布气、布水均匀性及接口气密性检查。

8.1.3 曝气系统安装方向应垂直对向滤板,曝气支管与主管的连接应牢固、密封。曝气系统安装完成后应进行曝气均匀性试验,合格后方可进行载体填装。

8.1.4 应按设计级配和高度注水填装载体,避免损坏曝气系统。

8.1.5 反冲洗配气管安装应水平牢固,各配气支管顶面应在同一水平面上,距滤板地面距离不宜大于 50mm。

8.2 人工湿地

8.2.1 人工湿地施工工序包括如下步骤:现场清理、土方开挖、池底平整、防渗处理、穿孔花墙、围堰砌筑、湿地基质级配填充及布集水系统和控制系统安装。

8.2.2 潜流人工湿地周边护坡应夯实土壤达到 GB 50286 的有关规定,坡度宜为 4:1 ~2:1。夯实应考虑土壤湿度,避免雨天施工。围堰建成后,应进行表面防护。

8.2.3 防渗材料采用聚乙烯膜时,应进行专业焊接。焊接结束后,进行渗透试验。

8.2.4 基质铺设过程中应从选料、洗料、堆放、填充 4 个方面加以控制。基质应进行级配优化、清洁,保证基质的含泥(砂)量和粉末含量满足设计要求。

8.2.5 人工湿地植物宜从专门的水生植物基地采购,种植时应由专业人员指导。同一批种植的植物植株大小应均匀,不宜选用苗龄过小的植物。

8.2.6 湿地植物种植前应进行表面清理、场地平整、分苗、植物种植、植物养护,施工时应根据植物材料的生态学特性,进行湿地植物种植,确保植物生长状态。

9 运行管理

9.1 一般规定

9.1.1 应制定操作运行手册，对运行管理人员进行污水处理系统工艺技术指标和操作技能的培训。

9.1.2 日常运行中，应定期对污水处理系统进、出水进行水质监测，监测项目应包括水位、水温、溶解氧、COD、SS、BOD_5、氨氮、总磷、总氮等，监测方法见附录A。水位监测宜每月一次，其余项目监测宜每三月一次。水质采样和保存应符合HJ 493—2009的有关规定。如发现水质异常，应及时检查并处理。

9.2 管理维护

9.2.1 运行管理人员应严格执行设备操作规程，定期巡视设备运转是否正常，及时填报运行记录，发现问题应尽快检查排除。

9.2.2 曝气生物滤池正常运行时，应避免放空作业，注意各池内水位，尽量保持同步升高或降低。

9.2.3 曝气生物滤池运行中若出现故障，应及时停电检修。停止曝气在1d以内时，故障排除后，首先进行反冲洗运行，再进入正常工作状态；停止曝气超过3d时，再次启动反应器需要先闷曝1d，再连续进水运行；超过7d时，应由专业人员进行系统恢复。

9.2.4 供暖季时应及时开启水热交换装置，保证曝气生物滤池水温。

9.2.5 应根据湿地植物生长情况，进行缺苗补种、杂草清除、适时收割及控制病虫害等管理，保证湿地水生植物的密度及良性生长，不宜使用除草剂、杀虫剂等。

9.2.6 定期清理调节池、曝气生物滤池和人工湿地集水井产生的污泥，可由市政槽车抽吸外运处理，也可经卫生处理达到相关要求后用作农肥。

附录 A　污水处理水质监测分析方法

寒区高速公路沿线附属设施污水处理系统水质监测分析方法采用表 A.1 规定的标准及方法。

表 A.1　污水处理水质监测分析方法

序号	监 测 项 目	方法标准名称	方法标准编号
1	水位	水位观测标准	GB/T 50138
2	溶解氧	水质　溶解氧的测定　碘量法 水质　溶解氧的测定　电化学探头法	GB/T 7489 HJ 506
3	化学需氧量 COD	水质　化学需氧量的测定　重铬酸盐法	HJ 828
4	溶解性总固体 SS	生活饮用水标准检测方法　感观性状和物理指标	GB/T 5750.4
5	五日生化需氧量(BOD_5)	水质　五日生化需氧量(BOD_5)的测定 稀释与接种法	HJ 505
6	氨氮(NH_3-N)	水质　氨氮的测定　气相分子吸收光谱法	HJ/T 195
7	总氮(TN)	水质　总氮的测定　气相分子吸收光谱法 水质　总氮的测定　碱性过硫酸钾消解紫外分光光度法	HJ/T 199 HJ 636
8	总磷(TP)	水质　总磷的测定　钼酸铵分光光度法	GB/T 11893